아름다운 것에 대하여

아름다운 것에 대하여

초판 1쇄 인쇄 2020년 10월 8일
초판 1쇄 발행 2020년 10월 15일

지은이 | 김성철
펴낸이 | 김경옥
디자인 | 류요한
펴낸곳 | 도서출판 온북스

등록번호 | 제 312-2003-000042호
등록일 | 2003년 8월 14일
주소 | 서울시 은평구 은평로 194-6, 502호
전화 | 02-2263-0360
팩스 | 02-2274-4602

ISBN 978-89-92364-10-2 03810

온북스
ONBOOKS

언어는 인간이 들어낼 수 있는 능력 중에서 가장 신비롭고 탁월한 기능이다.

언어는 그림이 될 수 있고 노래가 될 수도 있다. 언어에는 서정적인 기능만 있으면 좋겠다는 생각을 해 본 적이 있다.

그러나 안타깝게도 언어는 양면의 칼과 같은 속성이 있다.

선하게 쓰면 사람을 살리는 힘으로 작용하지만 잘못 쓰면 사람을 고통과 비극으로 몰고 가는 역기능의 측면도 있다.

나는 감성적인 성품이 강한 사람이다. 그래서 시인이 되었는지 모른다.

아름다운 글을 보면 빼어난 경관을 보는 것 이상으로 거가에 취하고 매료당해서 두고두고 음미하고 가슴에 새기며 기억한다.

그리고 생각한다. 언어는 문자로 나타난 표현 이상의 깊은

비밀을 가진 신비의 영역이라는 결론에 도달한다.

그래서 시를 좋아하고 내 자신이 시인이 된 사실이 즐겁고 자랑스럽게 느껴진다.

내가 시인으로서의 창작의 장르에 발을 들여놓기 전에 나는 하나님의 부르심을 받아 목사가 된 사람이다.

목사는 설교로 사람의 마음을 사로잡아 하나님께로 이끌어가는 사명자이다. 그래서 사역에 전념하는 것이 마땅한 일이기는 하지만, 말씀을 전하는 일과 아름다운 언어로 사람의 마음에 서정과 아름다운 정서를 자아냄으로써 감성의 세계를 흥과 지성과 높은 격으로 이끌어가는 것도 못지않게 귀하다는 생각을 해 본다.

첫 시집 '잠시지만'은 서정시만으로 시를 저작했다. 그러나 두 번째 시집에는 구속주 예수에 대한 시를 모든 단원의 처음과 끝에 세우고 중간에 서정시로 채웠다.

시의 힘은 참으로 놀랍다. 무엇이든지 시가 될 수 있다는 사실에 시를 창작하면서도 놀라움을 금치 못한다.

내가 시의 소재로 삼는 대상은 자연, 현상, 이슈, 삶, 사람의 내면의 세계 등 모든 만상을 시의 대상으로 삼고 대상 안에 내재되어 있는 특성과 아름다움을 깊은 사유를 통해 울어내려고 애를 쓰고 있다. 그뿐만 아니라 수많은 시인들의 시도 별도로 폴더를 작성해서 기록에 남겨 틈틈이 음미하고 연구하고 감상한다. 내가 갖지 못한 통찰력과 사변력, 심미안을 통해 건져낸 수많은 시어들, 그래서 스스로 독선의 틀에 갇히지 않도록 노력하고 있다.

시는 그림이고 노래이고 최고의 흥이며 또한 철학이고 깊

은 영의 세계일 수 있다.

시는 진화를 거듭하는 생물과 같아서 시를 창작하는 과정에 나는 존재를 쏟아붓는다.

시 한 편 완성이면 해산의 진통, 여인들의 심령을 알 것 같다.

두 번째 시집을 출간하는 데에 주변의 여러분들이 큰 사랑을 베풀어주셨다. 특히 이번 국제문단 수필부문에 당선되시므로 작가로 등단하신 이달주 선생님께 감사하는 마음 무엇이라 표현할지 모르겠다. 또한 국제문예문인협회장님 배용파 회장님께 큰 감사를 드린다. 늘 배려해 주시고 이끌어주신 사랑을 잊을 수가 없다.

더 좋은 시를 쓰기 위해 열정과 연구와 각고의 노력을 기울일 것이다.

| 목차 |

2부 위대한 동반자

3부 하늘이 푸르러서 좋더나

4부 아름다운 것에 대하여

5부 능소화

기념시와 헌정시

1부

삶이 무엇이냐

선명하게 재건된 체제

아픔과 슬픔으로 정리되는
잿빛 여정
사위워지는 절차만 남는다

씨 안에 추락을 유전자로
끌어안고 있다

목말라 황량해서 죽은 밭
영혼에 뿌려진 피
십자가 위에서 시작되었느니

하늘로 솟는 격
보좌로부터
구원의 아우라가 미치고 있다

끌려가는 이정(里程)
떨어져 나가는 비늘
마감으로 여려지는 앙상레짐

하나님의 체제가 휘장으로
드리워진다

장미 사랑

더 할 수 없이 아름다워서
여왕의 사치로 흘러가는 꽃

탐스러워 탐학으로 미끄러지는
운명은
세월마저 삼키노라

우아한 기품은
다소곳하게 피어 있어도
허공마저 부끄러워 하고

변두리 구석져서 외진 곳인들
그대 핀 자리라면
궁궐 아닌 곳이 어디 있으랴

깊섶 뭇 꽃들의 시샘이
하늘을 찔러 바람을 흔들어도

한 송이 고운 자태는
구름 위에 찬란한 빛줄기 너울이라

칡뿌리 단단히 묶어 시선을 가두어도
눈빛을 던져 장미를 더듬는 관능,
어찌 탓할 수 있을까

영원히 지울 수 없는 요염함이여!

백장미 한 송이

눈이 부셔 동공을 닫는 날
흰 장미 한 송이
색을 벗고 색으로 오는 이

일렁이는 파고로
가슴은 떨림이 되고

푸른 잎 틈새에
수줍은 듯 솟아오른 꽃
민낯이라도 온갖 치장 위에서
백옥의 빛으로 그대여!

춤과 노래와 시로 뒤섞어진
쉼터는 거기 있었고

숨 더불어 겹쳐지면
한 세상 삶 단단해지겠거니,

그대 하얀 품에 머물다 불어오는
바람아!
내 사랑 장미를 휘감아 함께
오려므나

시간이 멈추어 선 순간의 반다지에
영원이 들어 왔노라

나의 장미로 생이 하얗게
섰음이라!

피는 꽃 지는 꽃

간지럽게 휘감아도는 꽃바람
햇살을 품고
꽃의 프롤로그를 열어 젖힌다

바람이
살살 꽃술을 건드리면
향과 꿀이 쏟아지고

향 위에 얹혀진 꽃그림자는
아련한 곳까지 드리워진다

나비가 날개짓으로
공기에 리듬을 새겨넣으면
달아오르는 꽃의 서정

시간마저 곱게 차려입은 의상
꽃으로 다가와 꽃잎을 접으라 한다

섬세한 촉으로
에필로그의 즈음을 알아채는
꽃잎의 감각

시들어 아픈 기울기

꼭지에,
눈물 같은 진액 한 방울 남기고
마른 걸음으로 총총히 떠나가는 꽃이여!

자연

계절에 색채를 입히는 색칠의 고수

체온의 아우라가
빚어내는 색채의 요술이
만상의 표정을 바꾼다

무지개로 흩뿌린 색깔의 성찬
사계가 사치를 부리고

엮어지는 생태는
정교하게 흘러
심미와 조형은 언어를 넘어간다

무한한 스펙트럼으로
속을 알 수 없는 창공의 푸르름
같은 의상이 같지 않다

무겁게 다가와 다정으로 웃고
가볍게 다가와 엄중하게 침묵한다

잠들지 않는 자연
불면의 성이라도 싱싱하다

누가?
자연의 낯을 그릴 수 있을까?

눈을 감고 그려도 그림이 되는,

자연은,
그냥 자연이어서 사랑스럽다

삶이 무엇이냐

일렁이는 파랑은 가슴으로 오고
휘몰아치는 광풍은 꺼플로 온다

꺾어진 자리라면
일으키는 뚝심이 빛나고

휘어지는 순간에는
곱게 오므려 기다려본다

눈을 뜨는 것은
살아보라는 욕망의 힘

이불을 걷어내는 건
뛰어보라는 피의 높은 데시벨

부딪쳐보라는 건
운명을 경시하는 못된 버릇

막대기 한 개 세우는 것 쯤
삶은 세워서
세워지는 것이라면

세포는 계산기로 작동하고
결산의 날에는
그래도 남는 장사였노라

외마디라도 음악처럼 읊고
숨을 접수하리라

새소리

공기를 가늘게 흔들어
음향으로 허공에 뿌린 자양

창 틈으로 새어들면
꿈으로 소진된 마음이
새소리에 기운을 차린다

손바닥만한 터이면
삶을 건축하는 기세는
한 세상 뚫어가는 힘이라

실핏줄 구멍으로 뿜어내는 소리
귓전에서 얇싸한
떨림이어도
새벽이 일어나는 기상나팔이러니

행복이 별거냐
몇 방울 흘리고 훌쩍
자리를 터는 새소리 가는 가닥이면
천금에 비할소냐

가슴으로 들이켜 두고두고
곰씹어 삼키면 맛깔스런
자연이 조리한 보양식이다

창틈에 여운으로 눌러앉은
텃새의 음률이
하루를 예쁘게 일으켜 세운다

초록의 이력

봄꽃이 떨어진 자리에 그리움이
연초록으로 남는다

볕에 길들여진 계절, 연초록이
깊은 초록으로 낯색을 바꾼 날

초록이 빗장을 풀어 햇살에
몸을 던지면
가을을 잉태한 입덧은 시작되었다
여름이 썰의 자리에 선다

여름을 버텨내는 어이가
꼭지로 떨어진다

초록이
형형색색 단장으로 꾸민들
궁으로 들어가는
간택의 수순이더냐

가을마저 앗기는 끝날이 오면
애닯고 외로운 순환의 흐름에
마른 몸 던져

흙으로 스스로를 지운 낙엽
땅 깊은 어둠 속에서, 다시
피어오를 봄을 기다려 본다

사냥

삶이 유려하게 굽이치면
엔진이 되지만

삶이 어둠으로 무거워지면
탱자숲이 우거져
까마득해 진다

트라우마를 삼켜
흐느적거리는 생태는
탈이 난거냐

유전으로 깊이 박힌 긍정의 밑씨

독수리는 고공에서만
사냥꾼이 되느니

나래 아래 바람을 깔고
등어리에 태양을 업고 있어,

긍정이여!
날으려므나 그리고,
어두운 것들, 힘든 것들을 덮치려므나

긍정의 사냥술은 만고의 예술,
생이
헤벌죽 웃음으로 피어나리니!

알고리즘
(입력된 정보를 체계를 세워 출력함)

마음 서랍장에 개켜둔 추억들!

비바람 몰아치는 날이면
날개 깃 같은 것이라도
맛깔스러운 양념이 된다
,
옥빛 하늘에
비늘처럼 걸쳐 있는 구름 조각!

화가가 좇어담으면
풍경이 생물이 되어
영겁에 자리를 잡는다

떡갈나무 잎새를 울려
물구슬 떨어지는 산새 소리!

오선지에 가만히 내려앉으면
넋을 적시는 선율이 된다

마음에 무지개 안경
세상이 무지개 빛이면!

알고리즘은 인생을 흥으로
끌어가리라

새벽과 새벽사이

일출 붉게 땋아내린 빛줄기에
간밤 꿈이 달라붙어
한 동안 떨어지지 않는다

시간은 자라나고
영혼은 멈추어 있다
어긋난 길, 다른 속도

청춘이라는 게 별거냐
계산은 내가 한다

비탈로 내리닫는 구르마에
태양이 실려 있다
역주행의 내 욕망과 함께

진한 핑크로 홍조는 마음껏 야한데
저물어 매어달린 빛꼬리가
낙조여서 섧다

긴 밤 자욱한 잠결에 묻힐
세포들, 달큼한 내일을 탐한다

새벽이
다시 내쉬는 날숨에 팔팔한 시간이
엉겨붙는다

무차별한 빛줄기

위대한 걸못에서 떨어진
영혼은
어긋난 이력을 갖는다

예수가 천국, 프롤로그를 연다
영원한 보장, 에필로그가
진수로 차려진 꽃자리를 펼친다

종언인 듯 가뭇했던 십자가는
부활로 찬송의 시대를
새 기원으로 세웠다

하늘에서 내려오는 긍휼
받아서 복으로 비상하던지
고개 돌려서
심판의 자리에 머무르던지

무차별한 빛줄기가 쏟아지고 있다
틈이라도 마련으로 서면
구원이 영광을 열 것이다

2 부

위대한 동반자

위대한 동반자

손을 잡아
함께 가는 길
탱자숲이어도 조명 높은.
자욱마다 꽃사연일래라

십자가에 쏟아진 진통의 산더미
하얗게 승화되어
베일을 벗는다

전능자의 사랑
신령한 소통의 인프라

천 번을 태어나도 그대로인
사람,
단번에 뒤집어진 실존의 비상

성령의 임재기 신비롭다
천상이정표가 여정에 세워지고

성령과의 내밀한 교감이면
구원을 끌어안는 격 높은 생이라!

여름이 아름답다

소리와 색채와 열기가
뒤엉킨 시간의 심장

박동질이 파장으로 새어나오는
여름은 화려하다

봄을 놓쳐
한풀이 하듯 피어내는
여름꽃들의 소란스러운 아우성

공기가 추임새를 넣으면
허공이 팽창한다

떨어지는 땀마저 자양으로 챙기는 땅
잡초가 제 철을 만났다

바다가 출렁이는 소리
열매가 익어가는 소리
볕이 근육을 부풀려
초록을 간질이는 소리

여름 복판에서 빚어지는
절묘한 음향이다

자연이 유일하게 크게 웃어
만상이 덩달아 웃는

행복이 품을 있는대로 여는
시절의 가슴은 아름답다

붉게 핀 접시꽃은

하늘하늘 나붓기는 살결
붉게 태어난 색깔의 진수는
눈망울마저 물들인 채

잔이라도 기울인듯 붉은 기운은
스멀스멀
몸으로 스며든다

무심한 허공에
나팔이라도 불어서
푸르게 두른 빛일랑
붉은 접시에 담으려느냐

낯과 낯이 닿으면
홍조로 낯색마저 번지는
색조의 파장은 설레임이라

가냘픈 몸매에
위태로운 듯 애잔하게 매어달린
여름의 예술

마음 반다지에 밀치고 들어와
심장에 걸린 그림이러니

떠날 수 없어 시간을 당겨
선 채로 붙박힌 정서는
세월을 퍼마시고 배가 부르다

하얀 접시꽃 하얀 서정

속까지 희어서 사랑스러운 자락은
여름 바람에 실려
영혼까지 스미는 꽃

속삭인 듯 응시하는 흰 얼굴
카타르시스는 농밀해서
시린 가슴일망정
후련한 정서여!

끌어안고픈 순수는
나긋나긋 흔들리는 가냘픔에
하냥, 시간을 보듬고 바라만 보는가

한 여름 복판에서 달구어진 별이라도
살풋 기울어진 결을 더듬어
열을 식히고 떠나가느니

희게 펼쳐지는 여름이라면
접시꽃 한 송이 함초롬한 자태이면

하얀 서정 홍건한 자리에
한 철 주저앉아 쉬었다 가리

접시꽃이 분홍으로 피는 사연

순결과 정염이 함께 한 자리는
서로를 지우고 서로를 세운다

순백의 흰 꽃은
달빛에 실려 처연하고
정염의 붉은 꽃은
태양에 휘감겨 요염하다

서로 섞이는 길에
시간이 휘어진다

희고 붉어 다른 길
자신을 놓아버리는 아픔이어서
분홍은 슬프도록 화려하다

잃어버리는 통증, 다시 찾는 환희

두 가닥 나선의 너울이
한 가지로 흘러
분홍의 접시꽃은 더 사랑스럽다

흰 색으로 붉고
붉어서 흰
깊고 깊은 분홍의 접시꽃이여!

사랑이 오는 날

나를 잊었다
분수는 담을 헐고 무모해졌다
마그마가 된 심장

품으로 당길 수 없어
시간을 벗어버린 광기는
망부석으로 붙박힌다

영혼이 소리를 낸다

세포마다 음이 다르게
번잡한 연주는
우주를 채운 울림으로 확장되었다

잡초가 되어 그대 발걸음마다
밟혀, 연명이라도 할꺼나

통점을 뚫어
새어나온 신음은, 혈관을 돌다
삐져나온
사랑의 편지이더냐

눈빛이 일렁이고
귓바퀴는 길게 늘어진다

카타르시스 짙은 그대 음성,
가무는 날 한방울 이슬로
나를 젖게 하라

기후와 날씨

날씨는 날숨과 들숨처럼
몸에 닿아 있다
초침에 반응하는 새의 가슴이다

날씨를 아우르는 큰 가슴
기후의 카테고리

만년 툰드라를 만년 밀림으로 바꾸는
느긋한 거인의 행보

날씨로 사는 삶
희노애락의 모래톱이 어지럽고 난삽하다

기후로 가는 몸짓 큰 이력

낙락장송의 무던한 푸르름
영겁을 흐르는 장중함이 있다

본능이 인프라로 세워지는
날씨로 살 것인가

날씨를 걸러내고
기후로 사는 하루라면, 내일로 가는
꿈의 이정이 너그럽지 않는가

꽃 예찬

예술이 영원한 숨인 것은
꽃이 피기 때문이다

시든 꽃은
사위워진 자리라도
추억으로 숨을 이어간다

태양마저 범칫했던 걸음
꽃의 폼새라면
만상을 설레게하는 절묘함이다

초록 일색에 흥건해진 피로
솟아오른 새 장르
한 송이 꽃이 초록의 피로를 지운다

어디든지 바람가는 곳
벌새 눈물 같은 씨앗 떨어지면
땅껍질 뚫어 넌출 올려 피는 꽃이여!

기다림과 그리움은
다시 피는 꽃을 향해
마련으로 세워진 가슴이러니

길고 긴 꽃의 이력은 그냥
아름다움, 그것이다

청춘에 가둔 그대

예쁘게 다가와 나의 하루를
한 뼘만큼 늘려
휘감은 그대

팔랑개비 과거를 거더내는
색채 입은 사랑

앞태,뒤태 뇌색의 폼새
몸을 달리는 곡선이
이목구비에 맺혀
찰랑거리는 이슬이라

여신 같은 마네킹이
쑥 내민 기품으로 옷 한 벌
그대 몸에 걸치니
청춘이 더 청춘으로 붙박힌다

풍화마저 까무러친
진공의 시간대

내 오감은 청춘으로
그대를 옭아맨 채
영겁 위에 사랑꽃 곱다

균형추

(페이드인; 점점 강하게)

평온으로 세워진 균형
레밍의 집단 자살
과포화를 줄이는 속편한 생태계

자연은 균형추로 반응한다

통증은 호흡을 꼿꼿이 세우는
자연의 선물이다

하늘이 물보자기를 열어
대지의 숨이 간당간당해질 때
균형추는 기지개를 켠다

몸살이 영원하더냐
몸 안에 있는 햇살이 점프하는 날
검은 살은 흰 살에 밀려나는
회복의 생리

자연은 눕지 않는다

앓음으로 부푼 고름
꾹꾹 눌러 짜내는 치유의 힘줄은
팔팔하다

균형추가 움직이는 소리가 커지고 있다
페이드인은 설정되었다

찌고이너바이젠

(사라사테가 스페인 짚시들의 노래를 수집해서 창작 한 서정적인 곡)

별빛이 내려오는 밤
하늘과 땅 사이에 낀 채로 아득한 생
뒤틀려 넋으로 흐르는 노래여

태어났으므로 슬픔이라면
삶의 걸음을 오선지에 끼워넣고
차라리 음파로 너울이 되리라

선율에 맡겨 유영의 쾌락은
깊어져 가는데
현을 타고 떠나는 여정, 화려한 듯
아픈 예술의 길이여!

흐느끼듯 물결로 굽이치는
음표의 유희
우수로 젖어 광란의 춤, 시간을 끌어안고
이어지고 또 이어진다

음악이 자락으로 휘어감고
흐르는 삶의 여울은
굽이마다 섧음이 섞여 흥이라

울음이라도
오선지의 흰 벌판에서
가락으로 흘러가라

거기 계시다

예수가
무덤을 꺾어
아픈 매듭을 잘라내신다

구속의 은총 안으로 진입한 영혼들

벼랑 끝에서
자아가 무너지면
예수가 거기에 계시다

꼭지점의 빛나는 자리
끌어 올린 큰 손, 깨달으면
예수가 거기에 계시다

죽은 딱지 같은 허울이
훌러덩 벗겨져 내가 지워진 자리
예수가 거기 계시다

수렴의 궁극
왕 되신 보좌의 예수
무릎으로 나아가면 영생이 있느니!

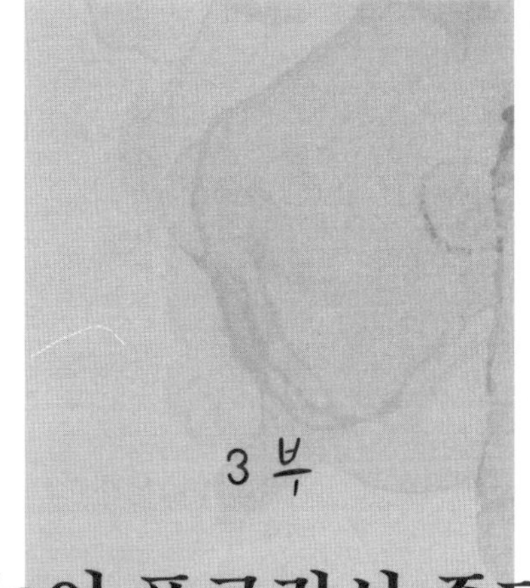

3 부

하늘이 푸르러서 좋더냐

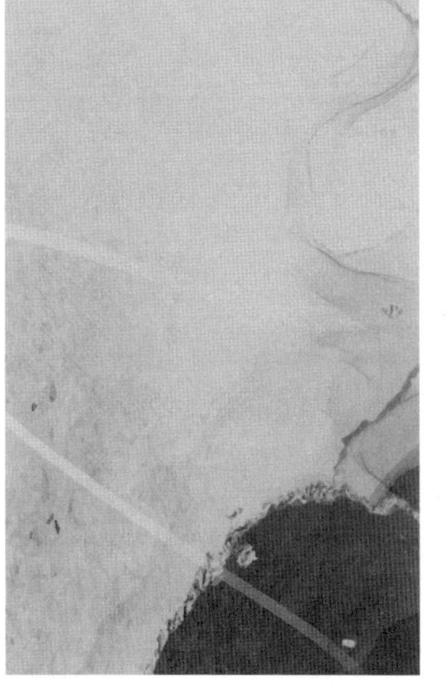

아름다운 이력의 시대

에덴 안에서 익어야 할 수순
빼앗겨 설익은 미성숙

발길질 당하는 대로 찌그러지는
상한 몰골이 유전자가 되었다

연약의 시대
십사가로 마감짓는 대장징

부딪치는대로 깨어진 그릇
다시 빚어 구어지는 화로
불갈은 아픔이 예수의 몸 안에서
정점을 찍는다

찬란한 일출이 부활의 시대를 연다

구원의 성이 열린다
목자 예수가 이끌어가는
고차원의 생이 하늘을 향해 열린다

절망이라는 것

생은,
뒹굴고 꼬꾸라지고 깨어지고,
인생이
몰골을 갖추어가는 사적이다

정신의 줄기세포는
자궁 밖 세파로 세워진다

옹이, 멍, 굳은 살, 흉터
이력의 행간에 조랑조랑 매어달린 궤적
절망이라는 것이 꼭,
껴붙어 오더라

해돋이가 신봤다인 줄 알았더니
땅거미 득달같이 덮치면
시간마저 맥을 멈춘다

목구멍이 갈래길이다
숨만 쉬고 살 수 없는 생체는
밥 넣으라고
평생 강박으로 얼룩진 생태

영혼을 헤쳐본다
어둑어둑한 공간에 뚝심 근성이
죽을 둥 살 둥 버티고 있다

아까시아

(불량자; 강한 번식력으로 다른 식물의 서식에 장애를 일으킨다)

부동의 자리에서도
치열한 사투로 얼룩진 숲

아까시아가 가시로
입지를 세웠다

확장의 이니셜
상록의 가슴은 흰꽃으로
흐드리자게 웃는 불량자의 여유

희게 덮어 숲마저 희게 물든 사연은
벌을 모아 주림을 지우고
배부른 초록의 궁을
펼치고자 한다

사나운 듯 곱고
제멋대로인 듯 다정하다

냉엄한 설한의 칼날도 견디는
탄탄한 내공은 무엇으로 비하랴

아카시아가
초록과 가시와 꽃으로 익혀낸
향으로
숲을 흔들고 있다

손톱에 핀 봉숭아

(겁; 긴 시간, 불교적 어휘)

여름 한철 잠깐 머물러
벙긋하니 봉숭아가 웃음을 열었다

단초로와 고운 것이
소박하게 흐르는 꽃선
통통 튕기며 눈망울 속으로 뛰어든다

번지는 생리는 연하게 붉어서
여인의 손톱에 엉기면
빰으로 번지는 예쁜 붙임성

얄팍한 천으로 싸매는 세월
꽃잎이 녹아흐르면
색깔은 사랑스러운 정조로
사연이 된다

꽃잎이 뭉게지는 아픔
아기자기한 자연의 속내라도
아픔없이 피지 않는 법

살풋 흘리는 씨 몇방울이면
봉숭아는 스러지듯
겁을 넘어 이어가리

즙같은 청춘

즙이면
청춘을 닮았느니
달큼해서 자꾸 혀가 흥분한다

어린 시간은 아무렇게나 보아도
용모가 곱다

신느기로 덮혀도 시듦이
아득한 내일이면 꽃만 보이고

눈꼽이 끼어 있어도
청춘이면 면죄부는 힘이 있다

붉은 피에 섞인 초록의 기운
이슬에 젖은 나팔꽃은
기어도 기어올라도 그림이다

푸릇함이 세월을 가두지 못해서
즙이 술로 가는 길을
막을 수 없다

청춘이 빠져나간 자리에
청춘이 남아 있는 건
즙이 술에 넘겨준 단맛 때문이다

사색(빨강, 자주, 흰, 분홍)의 나팔꽃

어디든 엉겨붙어 초록으로
사랑스럽게 휘감는 넝쿨손

안기 듯 기대는 것들마다
꽃색에 주려 꽃에 취한다

노을빛을 담아 밤을 마련하고
붉게 빛난 아침 햇살을 삼켜
한 낮의 여정을 열정으로 가꾼다

붉은 것이
벽옥의 하늘을 깊이 받아
보라가 되었을까

햇살을 색으로 바꾸어 희게 핀 꽃
허공마저 하얗다

희게 흐르는 꽃잎에
붉게 드리운 사랑, 꽃감성으로
다시 피어나 분홍이 되었는가

늘어진 여름에 나팔꽃
색색으로 버무리면 더위마저 묻힌다

참나리

무르익어 끝점에 오른 절색
감추인 속내 다 들어내도
흩으러지지 않는 우아

살갑게 고와서 허공마저
떨림이 되었나

감기 듯 등 뒤로 둥구스름 말아 으므려
곡선이 더 곡선으로 현란한 꽃

구중궁궐 깊은 곳 꿀샅
통통히 익혀 아낌없이 쏟아낸다

바람결에 피곤한 나비들 불러모아
꿀잔치로 여름이 배부르다

검게 찍힌 점, 점, 점
누가 다녀간 자국일까
주황의 꽃잎들은 더 주황이 되고

꿋꿋한 초록꽃대, 태풍이라도 견디는,
근성마저 꽃이다

땀내 나는 여름이
참나리로 잠시 쉬어간다

하늘이 푸르러서 좋더냐

하늘의 뉘앙스를 어찌 다 헤아릴까

정조가 섞이면
색조가 된다
색마다 그 색이 아니다

창은 영혼이라야 창이고
흘러들어온 빛이라야
내딛는 걸음이 노래소리를 낸다

생이 힘으로 차오르면
태산일망정 훌쩍 넘는 줄넘기일 뿐,
하늘색은 내가 정한다

심장을 이리저리 꼬면
프리즘이 되고
스미는 햇살 꺾고 또 꺾어서
찬란한 무지개

한 번 걷는 길
두 번 겹치는 일은 없느니

푸르른 하늘은, 구름을 제끼고
어두움도 제끼는
내가 정하는 색조인 것을!

터울의 굴레

(터울; 올해 지는 꽃과 다음 해 피는 꽃 사이)

이슬로 씻어 싱그러운 꽃잎에
별이 내려앉으면
어제를 밀어내고 오늘의 빗장
있는대로 연다

내일로 가는 시간의 등에
꽃을 맡기면
어느덧 비끄러지는 아픔

터울이 순환의 고리로
내려 앉은 운명

가고 오는 회전의 굴레를 어찌
벗을꼬

차라리 순장의 길이면
깎지로 세월 부둥켜안고
책갈피라도
잠잠히 견딜 것인가

글에 번지는 꽃그림자
시즙이라도 남기고 가련다

코로나 시대, 마스크 시대

마스크로 세상의 반이
그림자로 덮여 있다

통째로 누렸던 자유
가슴 시리도록 그립다

마스크로
걸러지는 언어가 귓바퀴에
걸려 서성거린다

이마로 느끼는 현실은
눈빛으로 들어와 눈썹을 거쳐
휘어져 있다

마스크 윗선으로그어지는
경계선
낮고도 높은 담

땅과 하늘이 얼굴에서
정해지는 사회적 설정은
아프고도 슬프다

마스크를 지운 엄마 품같은 삶
절절히 기다려본다

정찬의 계절

더위는 묶는 끈으로 온 적이 없다

한기의 앙금
봄이 미쳐 거더내지 못한,

별과 바람이 손을 잡고 털어낸다
산모의 체온이 오른다

가을에 태어날 새끼들
가지마다 가지런한 산통은
뎁혀진 어루만짐 덕이다

벗겨낸 홀가분에 덧씌워지는
덧샘의 수수께끼

푸른 잎사귀들이 깡그리
속을 제끼는 터진 생리
인과관계의 속내를 터득했노라

여름 문장이 땀으로 쏟는
속샘의 알갱이
볕이 발딱 서면
하루살이마저 웃는 시절

여름은 먹고 마시는, 푸짐해서
능청능청한 여유다

백일홍

층층이 정렬된 가지런함이
미려하고 정겹다

군무처럼 응집된 화려함은
정과 동을 오가며 신비를 자아낸다

예쁜 편린들이
동글동글하게 모여 우아한 자태

바람이 지나칠 수없는 유혹
꽃잎마다 허공에 쏟아
물결치는 향

바람이 서성이다
붉게 물이 든다

머물 수 없는 여정
붉은 색만 내려 놓고 훌쩍
바람은 떠나고

꽃잎마다 그리움이
애련한 정서로 매어달린다

백일을 손꼽는 애틋한 헤아림이여!

영광의 시대

사람을 옭아맨 오랏줄을
예수가 끊어내신다

십자가 위에서 사단의 인프라가
무너지고
피가 죄를 지운다

예수가 무덤을 꺾어
부활의 속살을 들어내면

마귀의 천적, 전능자의 자녀가
무장을 마쳤노라

빛의 여정이 하늘로 이어지고
잃어버린 영성이 꽃처럼 피어난다

그림으로 승화된 영광의 시대가
열리고 있다

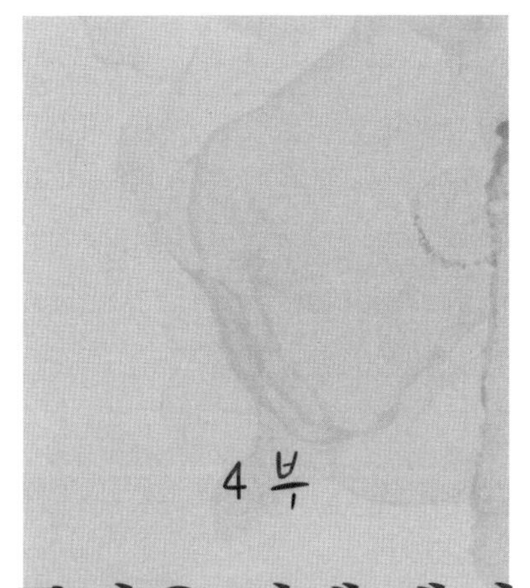

4 부

아름다운 것에 대하여

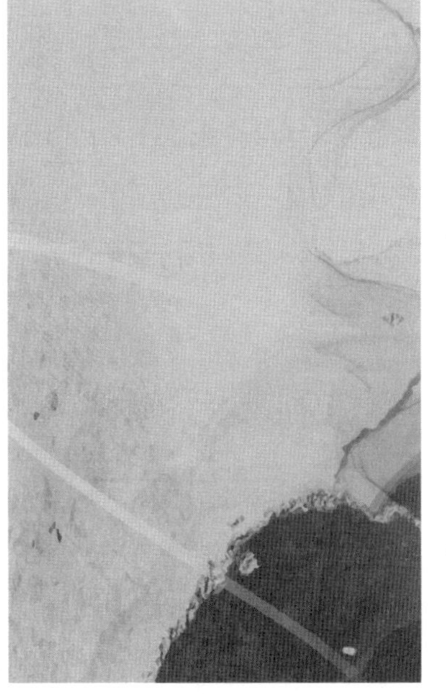

안기운 생

에덴에서 튕겨진 생
보듬고자 한다

유전자를 뜯어고치는
재건축의 숭고한 작업
십자가가 신비를 열었다

예수가 피를 쏟아 사람을 바꾼다
질기게 버틴 죄성
핏방울 핀셋이 낱낱이 추려내는
곤혹과 고독의 피눈물

품이 열리고 부활이
팡파레를 울린다

영혼을 던지라고 하신다

노래가 심장에서 시작되는 구원이!
의!라고 선언한다

아름다운 것에 대하여

꽃이 아름다울 수 있는 것은
시들어 삭아짐이,
씨가 들어오는 틈이어서이다

퍼져가는 미학의 신경은
다시 올 꽃의 시대를 예감한다

초록이 아름다울 수 있는 것은
생의 뒷켠으로 밀려나는
낙엽이 있어서이다

후세를위해
화려한 소멸을 기꺼이 움켜쥐었노라

여인이 아름다울 수 있는 것은
엄마의 험한 고개를 넘을 줄 알아서이다

뼈와 골수를 쏟이
후대를 세우는 모성

가슴에 태를 묻은 채
새끼를 위해 여인을 던진다

털어내고 쏟음에 대하여!
아름다운 것에 대하여!

사냥꾼

물고 먹는 아수라장
태양은 빛나고 구름은 흐르고
계절은 낯을 바꾼 적이 없다

세상에 빛이 내려오면
난삽하게 꺾인다
사람마다 룩스가 다르다

들여다볼 수 없는 내막
뾰쪽한 시선이 칼 같아서
체온이 내려가는 냉장의 기류

삶이 숙제가 되는 무게감
사람이 넘어가야할
담이되는 통증

짙은 운무의 시대는
열리지 않고 스스로 헤쳐야 하는,

생존욕구에 발톱과 송곳니가
힘겹게 달린다

이게 생이다

지나간다

가만히 있어도 멈출 수 없다

화가의 그림에만 존재하는
정지!

매끄러운 피부, 탱탱한 탄력, 빛나는 매력
꼭지점에 머물 수 없는 울음이다

시간은 세포를 먹이로 삼고
나이는 먹히운다
거부할 수 없는 우주의 폭력

어제와 내일이 붙어 있다
오늘은 점으로만 존재한다
사치는 영원하고 사람은 잠깐이다

움켜쥐는 손에 세월이 없다
몸 안에 최후의 날

지구가 몸을 흔들어
짐을 털어낸다

방금
또 하나의 흐름이
자궁에서 시작을 열고 있다

달맞이 꽃

(꽃 말은 기다림)

캄캄하게 닫혀 아득한 밤
기다림이 농익어
노란 색 꽃이 되었나

어둑어둑할 무렵이면
단장 끝내고 살풋 흘린 미소는
노란빛으로 처연하다

별빛이 깃들어
노랗게 여문 가슴

달이 휘장을 여는 밤
밤이 맞도록 흐르는 달빛이
꽃잎마다 찰랑거리면
흐드러지게 웃는 꽃이여!

밤이슬이 다녀가는 날
온 밤 새워 기다림으로 노랗게
숙성된 술 한 잔

사랑하는 자 입술에
달큼함으로 다가가면
어둠마저 노랗게 익어가는가

인연

소리로 다가와 청각을 얽어맨
음성의 사슬

가슴에
맨드리로 내려 앉았다

반복되는 여운의 피드백
시간이 속도를 잃고

잠깐 부딪친 눈빛이 허공에 남긴
잔상은 깊게 드리워진 채
색상마저 살이 찌고 있다

구들짱에 땔감도 없이
펄펄 끓어오르는 마음의 체온

생이 긴힌다
그리움이 광증으로 흘러간다

게놈지도가 바뀌고
인연이
유전자 안으로 들어온다

자연의 탄식

홍수에 휩쓸린 생은
물의 아픔이다
산사태로 매몰된 호흡은
산의 전율이다

자연을 그려내고
자연을 노래하는 예술은
사람이 에미가 아니더냐

멈춘 듯 멈출 수 없는 병
쏟는 듯 막혀 갇히는 병
품이 가시가 되는 병

자연은 신음한다

그림과 시와 노래의 제공자는
자연이 아니더냐
아픈 갈망은 깊어가는데

별빛도 아닌
햇살의 반짝임도 아닌
외마디 탄식

자연은 아프고 아프다

꽃이여, 꽃이여, 꽃이여!

분별도 없이
거칠게 쏟는 장대비에
꽃몸살은 앓지 않았는지

깜찍하게 원으로 둘러
가날픈 듯 탄탄한 가락지 대들보
첩첩이 박혀 팔방으로 뻗은
꽃잎으로 고운 곡선들

광기어린 빗줄기에
억센 버팀마저
사랑스러운 꽃이여, 꽃이여!

끝내 오리라 교합의 순간
바람 결에 보낸 사연

어느 잎사귀 처마 끝
나래접고 쉼표가 된 나비들
사연, 촉으로 느껴 버텨내는 강인함은
승화된 기다림이라

구름 너머 햇살, 방금
발을 굴러
꽃 침실로 뛰어들 마련이 되었느니

꽃이여! 꽃이여! 꽃이여!

아리랑

(궁상각치우; 도레미솔라, 국악의 5음계)

한이 삭아서 잊음으로
줄행랑을 친다면
노래가 될 수 없다

주먹을 불끈 쥔 결기
호연지기로 비상한 점프
팡파레로 퍼져나가는 웅지

한이 진화를 마치고
꼭지점에서 깃발로 나부끼는 절정
아리랑이 되었다

아리랑은
오선지에서 음파로 너울지는
궁상각치우를 뛰어넘는다

기상과 기운의 융합으로 리듬과 가락,
승화된 얼로 변신하는 화려의 끝점

한이 얼고 녹고 또 얼고 또 녹고,
영겁의 반복이 빚어낸
심장을 가진, 한국인 그리고 한국인의 노래

아리랑이다

입추

물에 흠뻑 젖은 채
여름 복판에서 여름테마가
연주되는데

비에 젖어
힘겨워하는 나비 나래에서
가루처럼 떨어지는
가을 전주곡, 입추

사랑방 손인 척
안방을 꿈꾸는 방자함을
들키는 가을 냄새

신열이나 가라앉혀
허울 끝자락이라도 엉길
틈이라도 열어주랴

여름노래꾼 매미들의 시대는
침묵으로 울고 있느니

가을은 아직 멀찍이 두고픈
여름의 속내

입추로 가을은 전주곡을 끝내고
눈치만 살피고 있다

시간의 생리

시간은 성깔로 흐른다
분노, 한, 상처를 받아먹고
사람을 물어뜯는다

늙어보이는 세포가 엉겨붙어
볼상이 일그러진다

고뇌의 밤은
불면의 흰개미탑을 쌓고
도끼인들 부서지랴
밤사이에 내려앉은 서릿발

시간은 시계 밖에서 흐른다
초침을 걷어차서 광음이 되게도
시침을 묶어 가두기도 한다

나와 시간이 함께 딩구는 이력

느리게 혹은 빠르게
젊게 혹은 늙게
탱글탱글하게 혹은 쭈글거리게

이정(里程)의 결정권은 마음에 있다

지고한 차원

땅이 된 사람이
피할 수 없어 흙으로 떠난다
죄의 독소로 하향조정된 생

예수가
달력을 찢고 차원의 휘장을 제꼈다

죽음을 삼킨 부활
구원으로 서 있는 신비
부활의 주 예수가 한계를 꺾는다

보좌에 머무른 하나님의 동선이
사람에게 닿아 있다
믿음으로 받는 접점
전능자의 발등상이 삶이 되는 노정

영계로 확장되는 카테고리는
스펙트럼을 갖는다
가슴으로 들어오는 빛줄기에
천국이 담긴다

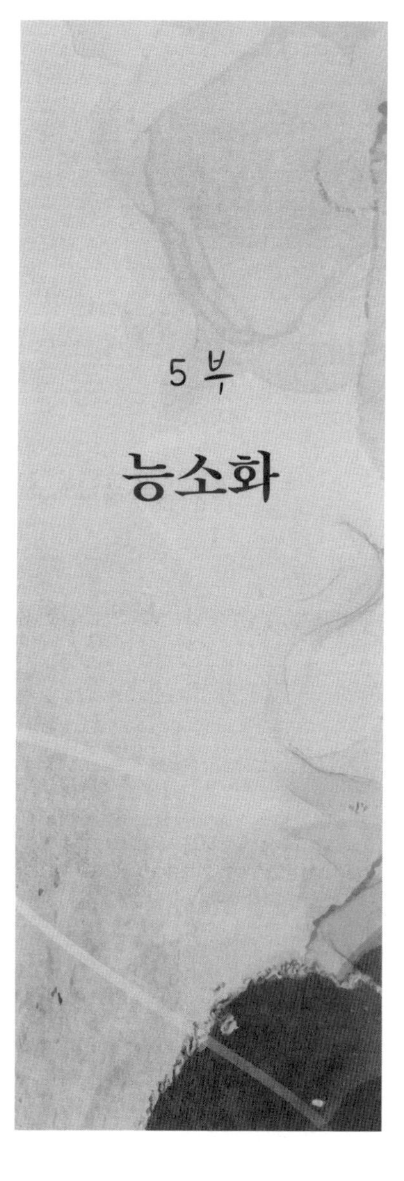

5부

능소화

카이로스

움켜준 손 안에
손금만 가득하다

쭈글거려 푸석푸석한 생물이
끝처리 즈음에
건들거리고 있다

끝 날에 엉겨붙는 직막은
시간 껍질 밖에서 꺼플을 벗는다
영원한 신음, 절규

예수가 세상에 던진 아젠다
믿음 속으로 한 걸음만,
휘장이 찢기고 하늘이 들어난다

십자가 위에서 죄를 털어내면
깊은 유암을 접고 또 접어
죽음마저 꺾는 쾌거, 부활

희게 빛난 구원!
전능자의 카이로스가 휘장을 제꼈다

꽃 속으로 여름

꽃이
저물어 간 자리에 선다
일그러지는 그리움이라도 살풋
내려앉은 그림자

책갈피 속에서 순장으로 핀 봄꽃
푸석거리는 시간은
추억을 두르고 잠들어 있다

아쉬움이 배어든 고요
색이 무너져가는 꽃잎이라도
가냘픈 흔적에
내려앉아 애닯은 햇살이여

실가닥 향으로 손짓하는
꽃의 시대는
여름 볕 사이에
간당간당 끼어 있다

절정이어도 섧다

찰나에 머무는 자태는
석별로 떨어지는 울음구슬인가
차라리 탐하고 탐해서
화석으로 가는 길이면 어떠리!

여름 잡초

얕으막한 키라도
청천의 푸른 빛이 좋은거냐
닥치는대로 솟아 값 없는 생태

나긋한 허리에 꼬불쳐둔
힘줄의 근성
천근의 무게라도 코웃음을 친다

풀씨 날아앉는 곳이
내 세상이로다
뻔뻔함은 만고의 예술이다

유전자로 닫힌 성장판
곁세상으로 퍼져나가는
난쟁이의 광기

흙을 초록으로 덮어
한 여름 열기를 꽁꽁 걸어잠그는
푸른 근육

폭염을 호기로 바꾸는 한해살이
네가 승자로구나!

능소화

볕살이 결에 닿으면
미끄러지듯 빠져나가는 열기
능소화가 여름을 식힌다

덩쿨이 뻗는 곳마다
아낌 없이 꽃을 쏟아 허공은
색으로 채워지고

빛줄기 기울기마다
정조를 바꾸면
여름 시간이 흔들린다

아롱다롱 매어달린 주황의 노래
잘룩한 허리춤에 춤추듯
휘청거거리는 몸매

능소화는 색으로, 자태로,
여름을 희롱하는 자연의 끼다

담이라도 타고 넘어
경계는 지워지고
하늘을 꽃 속에 가두면

여름은,
주황으로 아름답게 익어간다

해당화

피어나야 시선을 끌 수있는
연약함

융모로 감춘 가시는
가까이 오라는
예쁜 속삭임이다

꽃잎을 넘어 꽃술까지
꽃길은 수줍은 듯 단장되어 있다

별이 달군 시간이 잠시
멈추었다 지나간다

피부와 낯색과 표정마저 붉어
자연의 홍조는 취하게 하는
술잔으로 기울어진다

정열이, 불꽃도 없이
햇살을 타고 흐르는 기품

그윽하게 깊어서 뇌색의 향
꽃의 아우라는 범할 수가 없노라

해당화가 예쁘게 피었다

붓꽃

보라 속에 숨은 비밀
무지개가 스쳐 지나가다 흘린
격 높은 색의 누수

붉은 기운 바탕에 깔고
푸르게 덮어 거듭난 화려함
보라빛이 우아하다

여름 볕이 꽃잎에 부딪치면
신열이 내려 투명한 빛이
꽃색으로 바뀐다

푸른 하늘 아래 붓꽃이면
안기는 다정,
앙상블로 흘러 아름답다

바람 부는 날
흔들리는 꽃잎이 푸른 종소리로
허공은 울림이 되고

햇살이 부딪쳐 튕기는 편린은
보라빛 고은 결로
너울이 된다

장마예찬

오랜 시간 끌어안고 싶은 건
사랑 때문이다
장마는 구름의 사랑이다

비를 맞으면 낭만이고
우산을 쓰면 문화다
사랑은 낭만에서 나온다

빗줄기도 오선지가 된다
빗소리로 연주하는 가락은
우산 밖에서만 들리는 자연의 음악이다

구름이 세상을 보는 눈은
다정과 스펙트럼이다
그래서 따뜻하고 곱다

오래 머물러서 익어가는 시간
묵은 인연 숙성하면
그리움이 된다

태양의 성화는 차오르는데
구름이 멈칫거린다
미련이 장마에 걸려 있어서이다

무궁화

속이 맛으로 채워진 꽃은
진드기가 모인다

무궁화는 진드기를 품고
큰 꽃이 되었다

마에스트로의 골격
휘청이는 단단한 나무에서 피는 꽃

순백의 감성은 정갈하고
자주빛 기품은 질긴 내성으로
속된 아름다움 위에 있다

한결 같은 방향이 하늘인 것은
하늘을 품어 날고 싶어서이다

오선지로 날아가 애국가가 된다
민족의 넋으로 날아가
얼의 꽃이 된다

근성으로 피는 꽃,
사적(史跡)에 꽃인을 새기는 정신의 꽃,

대한민국과 닮아 있다

부부싸움

(프랑켄슈타인; 영국 여류작가 셸리가 창작한 괴물)

교합으로 한 개의 삶을 세운다
신경가닥이 칭칭 감긴 채
한 몸 한 마음의 시대

웅크린 낯선 피가
혈관을 뚫고 프랑켄슈타인이 되는 날
혀가 나누어진다

등이 보이는 날
다른 방향을 바라보는
이정표의 반란

삭막한 모래폭풍
'부딪치는 운명들의 파열음

문득,
예쁜 낭만이 실바람으로 불어온다
회상의 불꽃을 피운다
저체온이 풀린다

흉터가 남고,
단정한 골과 산마루 한 쌍이
고운 경관을 펼치고 있다

마네리즘 벗어나기

(단애; 절벽, 한계, 마네리즘; 타성)

생의 단애(斷崖)는
호흡마저 끊어내는
잔인함이 예리하게 번득인다

삶은
이어지고 엮어지고 세워진다
연속성은 아름답다

화장한 시신 같은 겉표면에
속는다
본능을 나른하게 떠도는 영혼

허무가
혈관을 타고 흐른다
절벽 끝까지 몰린 막판

꼬깃꼬깃한 저체온의 감정
운명을 바꾸는
지렛대가 허약하다

뇌속에 파묻힌 호연지기!
기침을 시작했다

메트로놈이
박자를 세고 있다

하늘

바람이 그림자도 없이 휩쓸고 지나도
하늘은 눈썹 한번
찡그린 적이 없다

철새 한 마리 공중에 콕콕 찍은 자취
하늘이 추억으로 푸른 서랍에
꼬불쳤을까

구름이 헐이 되어 사나워지면
시간을 당겨와 밀어내는
근육마저 탐스럽다

허공을 긋고 지나는 태양이
열량으로 변덕을 부려도
에미의 가슴으로 지켜본다

푸른 빛깔을 섬세하게 바꾸는
변색의 고수
높은 듯 낮고 낮은 듯 높은
깊은 내공

하늘은 맨살인 듯 맨살이 아니다
옷을 입은 듯 맨살이다
알 수 없는 신비를 누가 벗기랴

미래지향

탯의 근원지에 뿌리 내린
생은
뒷마당의 검은 아우라에
갇혀 있다

세상에 시간의 왕이 오셨다
과거를 지운다
함께 싸발라 도말되는 적폐

십자가에서 예수가 쏟은 피가
마무리를 짓는다
끝점을 찍은 옛녘

생이 보좌에 걸린다
찬란한 미래로 가는 노정
끄는 힘의 중력장
이력은 빛으로 기록된다

황혼에 찬란한 불꽃

- 이달주 선생님 86세 작가 탄생 기념시 -

생 뒤안길로 미끄러지는 녘
넋이 발끈 일어나
문장을 세웠노라

내밀한 구중궁궐에
다산을 입은 지성은
누구더냐

혈관에 늘어붙은 생기는
모질어 강인한 뚝심이여!

한(恨), 의기(義氣), 열기(熱氣)
남아 있는 추억의 재고
구멍 뚫어주니 봇물로 터진다

아직도 흰 여백 벌판이라
떨리는 손가락
전율하는 뇌파의 일렁임
글로 달려가자꾸나

노을은 아름답고
날은 가뭇가뭇해지는데,
곱게 다듬어낸 장인의 솜씨
기세 끌어모아 펼치는 작품이라

사연으로 차려진 향연
가슴으로 뽑아낸 문화의 꽃
흐드러진 글의 정원이여!

이력에 숨은 보배

높은 격으로 솟아오른
문향의 진수
영겁에 띄워 유산으로 남긴다

붉은 피 앞에 선 하얀 넋

- 은평구 구파발에 위치한 연세윤내과
홍기선 간호사에게 헌정한 시 -

희게 영글어 피어오른 참스러움이
붉게 내려앉은 적막 위에
수정 같은 빛깔로
곱게 드리워져 있다

투명한 혈관을 흐르는 붉은 생명위에
겹겹이 접힌 연민을 한겹씩
펼쳐, 아픈 넋을 감싸 안으면
그대 흰 자태는

이슬이 찰랑거리는 꽃잎이 된다

푸른 가운 밖으로
살풋 삐져나와 가련하게
흐르는 흰 손, 맞닿아 어루는 곳에

풋풋한 생기가 뭉뭉하게
솟아오르고,

그것은 아픔을 깊게 싸고 도는
예쁜 여울이다

까만 눈동자 안에
슬픈 환자가 누워 있다
하얗게 스며나오는 그대의 위로가
병실에 흐르는 통증을
살붓이 벗겨내고 있다

그것은 아름다운 속내로 익혀낸
사랑이다

온북스
ONBOOKS